51
Lb 2357.

QUESTION

POLITIQUE ET LÉGALE

DU PROCÈS

SOUMIS A LA CHAMBRE DES PAIRS.

Lb⁵¹. 2317.

IMPRIMERIE ET FONDERIE DE FAIN,
RUE RACINE, N° 4, PLACE DE L'ODÉON

QUESTION
POLITIQUE ET LÉGALE
DU PROCÈS

SOUMIS A LA CHAMBRE DES PAIRS.

Par Camille CARDONNE.

Paris.

DELAUNAY, LIBRAIRE, AU PALAIS-ROYAL.

MAI 1835.

QUESTION
POLITIQUE ET LÉGALE
DU PROCÈS
SOUMIS A LA CHAMBRE DES PAIRS.

Un grand procès va bientôt se juger. Au milieu des débats solennels que soulèvera la mise en cause d'un parti vaincu, l'intérêt, excité aux mois de décembre et de janvier par la discussion sur la demande de crédits destinés à la construction d'une salle provisoire de jugement, va se ranimer plus puissant et plus vif; les accusés seront l'objet de toutes les sympathies de la pitié publique; l'opinion, toujours favorable à l'infortune quand elle n'est plus irritée par la vue des désordres de la guerre civile, les protégera de ses vœux. En France, la générosité est une des plus belles qualités du caractère national : on oublie bien vite les torts d'un parti vaincu. Mais la tâche d'un corps politique, investi par la constitution du soin de faire respecter cette constitution, est soumise à des devoirs rigoureux, mais nécessaires. Préserver la loi de l'État de toute atteinte, la venger quand elle a été violée, voilà sa suprême loi, et la première condition de son existence. Cette mission, impérieusement commandée par la nature des choses, se concilie difficilement avec des élans généreux de la commisération auxquels de simples particuliers peuvent s'abandonner, mais qui doivent rarement influencer les résolutions d'un corps politique. La raison d'état choquera bien des cœurs portés à la clémence, surtout après la faiblesse des motifs qui ont déterminé le vote du crédit demandé.

Mais les seuls motifs qui auraient dû commander ce vote, et qui ont été omis, sont si graves, leur importance me paraît tellement grande, ils sont de nature à exercer une telle influence sur la marche du procès et sur la décision de la Chambre des pairs, que je n'ai pas craint de braver peut-être bien des haines afin de les exposer.

Quoiqu'il ne soit plus question d'amnistie, je ne crois pas hors de propos de rappeler les argumens qui furent produits pour ou contre cette question dans la Chambre des députés, afin de montrer le cercle étroit dans lequel se sont renfermés les orateurs de l'opposition, et ceux qui ont défendu le projet de loi présenté par le ministère. Indiquer les vices de la discussion sur l'amnistie, c'est tracer les règles politiques qu'il faut consulter dans le jugement, et les principes qui doivent diriger la Chambre des pairs.

Quoique la discussion ait été engagée par la demande d'un crédit, les divers points de vue sous lesquels la question a été envisagée l'ont considérablement agrandie, en sorte que le véritable point de la discussion n'a semblé en être qu'un incident. Cela devait être : le point de vue politique et moral dominait une question d'argent. D'ailleurs, le refus de la chambre d'entendre une proposition formelle de M. de Sade, touchant l'amnistie, avait été motivé par le désir de s'occuper de cette proposition, en discutant l'allocation demandée, afin de ne pas séparer deux questions qui se trouvaient intimement liées. Toutefois la Chambre ne s'est point élevée à cette hauteur de vues, d'où l'on aperçoit le côté important et décisif d'une question ; et c'est, je pense, ce qui a pu prolonger la discussion. J'ajouterai que, dans les points les plus longuement débattus, les principes ont été, sinon méconnus, du moins altérés et mal compris.

A part ces considérations puissantes d'humanité, de clémence et de commisération, qui émeuvent si vivement les cœurs généreux, la question se présentait sous un triple aspect de légalité, d'opportunité et d'importance politique. La légalité et l'opportunité de la mesure proposée par les uns, repoussée par les autres, ont été vivement agitées, quelquefois avec plus de phraséologie que de logique, quelquefois aussi avec de beaux mouvemens oratoires. Quant à sa gravité politique, en tant qu'elle touche à l'essence même du gouvernement et au principe constitutionnel de la monarchie, il n'en a pas même été dit un mot. Et à ce sujet je ferai une remarque : c'est qu'aujourd'hui la plus petite question soulève des débats interminables, et lorsqu'on s'arrête enfin de lassitude et d'ennui, on est souvent moins avancé qu'au début. Pourquoi cela ? on a longuement péroré pour briller ; la multitude de faits que la science historique rassemble tous les jours a fourni des citations pour ou contre le projet mis en délibération ; on a dénaturé les faits, on les a expliqués à sa guise, on a faussé les rapports de temps et de situation, et le peu de vérités simples et élémentaires que referme une question, sont étouffées sous un déluge de mots. Montesquieu a dit de Tacite : Il abrége tout, parce qu'il voit tout. Ne pourrait-on pas dire de nous tout le contraire ?

Plusieurs orateurs, en émettant leur opinion, ont vivement regretté que le gouvernement n'eût pas pris l'initiative dans la question d'amnistie; d'autres lui ont refusé le droit d'amnistier les prévenus; d'autres ont voulu investir les Chambres de ce droit. Il en est qui ont reconnu au gouvernement la prérogative incontestable d'annuler les procédures commencées. J'oserai dire que les uns et les autres sont tombés dans une grave erreur. L'amnistie ne pouvait pas plus être la conséquence d'un vote des Chambres que l'effet d'une ordonnance royale, elle ne pouvait être accordée que par une loi. Dire que le pouvoir exécutif peut, selon sa volonté, empêcher les poursuites dirigées conformément aux lois, c'est dire qu'il peut aussi dispenser de l'exécution des lois. On voit où conduirait une semblable doctrine. La loi seule peut détruire ce que la loi a statué; une ordonnance n'a pour but que d'assurer l'exécution de la loi. Quant au droit d'amnistier les prévenus, appartenant au pouvoir législatif exercé par le roi et par les Chambres, je ne pense pas qu'on voudrait le contester. Le parlement d'Angleterre (ce mot parlement, dans sa véritable acception, ainsi que l'ont toujours enseigné les publicistes anglais, comprend les trois pouvoirs de l'État, c'est-à-dire le roi, les lords et les communes) a signalé son omnipotence d'une manière bien autrement grave, quand il a adopté un *bill d'atteinder*. Mais l'harmonie et l'adhésion des trois pouvoirs auraient été nécessaires pour valider la loi, je dirai presque le décret d'amnistie. J'irai plus loin : supposons que les Chambres eussent refusé l'allocation demandée, ou même qu'elles eussent adopté la proposition de M. de Sade, la couronne, en refusant de sanctionner la mesure adoptée, forçait la Chambre des pairs à poursuivre le procès; et si la Chambre des députés eût accusé les ministres devant celle des pairs pour s'être permis d'ordonnancer des dépenses non autorisées, je ne vois pas qu'aux termes de la constitution de l'État leur responsabilité eût été compromise. Voilà les principes. Si l'on objectait que l'assemblée constituante, et Bonaparte consul, ont rendu des décrets d'amnistie, il est facile de répondre, dans le premier cas, que le pouvoir législatif tout entier appartenait à l'assemblée nationale, tandis qu'aujourd'hui il entre pour une portion dans les droits que la constitution garantit au pouvoir royal. Et même Louis XVI était le maître de s'opposer à cet acte magnanime par lequel l'assemblée prétendait consacrer l'oubli du passé et l'union des cœurs; les divers articles de la constitution avaient été soumis à son acceptation, nulle autre mesure ne pouvait se passer de sa sanction.

Quant à Bonaparte, on sait quel cas il faisait de la légalité. Dans le sénatus-consulte d'amnistie des émigrés, l'excellence de l'intention peut à peine faire excuser une violation flagrante de l'art. 93 de la constitution de l'an VIII.

Les Chambres, je le répète, possèdent seulement une portion de la puissance législative, et quand la justice est appelée à prononcer, le roi n'a que le droit de faire grâce, aux termes de l'art. 58 de la Charte. Vouloir augmenter les prérogatives de la couronne en-dehors du texte et de l'esprit de cette Charte, c'est l'exposer à se voir contester celles qu'elle lui confère. En présence des principes émis par la presse de l'opposition, c'est lui rendre un bien mauvais service, c'est être en même temps bien oublieux de ses droits et des restrictions que la constitution impose à ces mêmes droits. La virtuité du pouvoir exécutif a été mise en question ; on a voulu altérer son essence et l'attaquer dans ses attributions.

Machiavel a dit quelque part : Le pape règne et ne gouverne pas. Sous la restauration, M. Thiers, s'emparant de ces paroles et résumant les doctrines de l'extrême opposition, répéta : En France le roi règne et ne gouverne pas : théorie qu'il développa avec un talent plein de grâce et de souplesse, dans un article du *National* de 1830. La restauration répudia le lot que lui faisait le brillant historien de la révolution, et la cour royale donna raison au pouvoir. La restauration voulait empiéter sur les libertés publiques ; tous les jours elle rappelait son origine de droit divin et son pouvoir constituant. On prévoyait un coup d'état : l'opposition s'apprêtait à une vigoureuse résistance ; la crainte fit fléchir la rigueur des principes, et on s'habitua à regarder comme la loi de la monarchie constitutionnelle cet axiôme posé par M. Thiers : Le roi règne et ne gouverne pas. A moins cependant que les mots n'aient plus l'acception que leur donne le sens commun, il me semble qu'après avoir lu les art. 12 et 13 de la Charte il faut reconnaître que le roi règne et gouverne. Régner, c'est être roi, c'est s'asseoir sur le trône, c'est jouir des attributs et des hommages d'un pouvoir héréditaire délégué par la nation, exercé en son nom ; pouvoir qui rappelle toute la dignité et la majesté nationales imposées sur une seule tête, par cela même inviolable et sacrée, et non par droit divin. Ce droit, la restauration prétendait le tirer de la sainte ampoule ; le roi constitutionnel des Français, le roi constitutionnel de la Grande-Bretagne, le puisent dans l'essence même du principe qui les constitue souverains.

Le roi règne de droit et a le droit de gouverner. Il règne seul et gouverne par ses ministres (1).

____

(1) Je ne connais qu'un seul exemple de la puissance suprême, séparée du pouvoir qui gouverne : les califes, chefs des croyans, régnaient à Bagdad, et recevaient les adorations des

Si les ministres gouvernaient seuls, pourquoi la constitution, en les rendant responsables, déclarerait-elle la personne du roi inviolable et sacrée? Quand on dit : *Le roi ne peut mal faire*, on voit bien assurément que c'est une fiction ; et lorsque les adversaires de cette fiction argumentent de ce qu'un monarque peut être dominé par des passions dangereuses, on n'a rien à leur répondre, sinon que l'hérédité a été établie comme un principe d'ordre, comme une garantie de stabilité et de sûreté, et que ce principe ne peut être sauvé de toute atteinte que par la responsabilité ministérielle. Un ministre est toujours le maître de paralyser l'action royale en refusant son contre-seing ; il évite des poursuites en remettant son portefeuille, plutôt que de céder à des sollicitations descendues du trône ; et, malgré les dangers et les désagrémens de la responsabilité, je ne pense pas que jamais l'Etat sera privé de ministres. Le seul argument va-

---

musulmans restés fidèles, tandis que les sultans exerçaient sans partage la puissance que donne la force. On pourrait peut-être assimiler aux califes les derniers rois de la première race, qui laissaient les affaires et les soins du gouvernement, par conséquent la puissance, aux maîtres de leur palais. Quant aux papes, je ne conçois pas que Machiavel ait pu dire qu'ils ne gouvernaient pas : il avait devant les yeux l'exemple d'Alexandre Borgia ; qu'aurait-il dit s'il eût vu le pontificat de Sixte-Quint?

lable contre le pouvoir gouvernemental, exercé par le roi, et contre les actions émanant de sa personne, se réduirait au blâme encouru par l'imprudence de son langage envers un des corps de l'Etat, ou envers une réunion publique (1). Il faudrait alors supposer qu'un roi, élevé dans les habitudes graves et sévères de l'étiquette, accoutumé à n'entendre que des paroles pleines de décence et de respect, et qui doit ignorer jusqu'aux expressions cyniques de la langue, serait plus mal partagé par l'éducation et par la nature que le dernier des hommes; ce qui paraît inadmissible.

En Angleterre, on comprend très-bien que le roi doit gouverner. Quand sir Robert Peel a dit : « Nous jouissons de la confiance de sa majesté, et nous avons reçu *de sa part l'appui* le plus cordial et le plus constant, » personne n'a élevé de réclamations. L'action nécessaire du roi dans les affaires est comprise en ce pays par les wichs aussi bien que par les tories. On se souvient que

---

(1) Et encore, dans ce cas, le roi devrait agir spontanément comme simple particulier, et en dehors de la sphère de ses attributions gouvernementales; car toutes les fois qu'il adresse un discours où fait une réponse à une députation, ses paroles sont censées dictées par des ministres responsables; et si le roi blessait publiquement, par son langage, un des corps de l'Etat, la Chambre des pairs, pour mettre le principe hors d'atteinte, ferait bien de punir sévèrement ses ministres.

le roi d'Angleterre, Georges III, étant tombé en démence, la Chambre des lords et les communes déférèrent la régence à son fils. Le roi était dans une camisole de force, mais il ne cessait pas de régner. Il régnait par le fait même de son existence, mais il ne pouvait pas gouverner ; et les Chambres comprirent que les actes du gouvernement ne pouvaient émaner de la responsabilité ministérielle, responsabilité bien grave cependant en Angleterre, où tant de ministres ont perdu leur tête sur l'échafaud.

Mais je sens que cette digression commence à m'entraîner trop loin ; je reviens à mon sujet.

Je n'ajouterai plus qu'un mot relativement au danger que courraient des prévenus au moment où ils comparaîtraient devant le pouvoir qui les juge, si l'amnistie proposée était rejetée par la puissance législative. Les fonctionnaires, organes de la force publique, en demandant le châtiment du délit qui leur serait imputé, pourraient leur dire : La nation, représentée par les pouvoirs de l'Etat, vous accuse, etc. ; accusation bien plus terrible que la poursuite ordinaire exercée au nom du gouvernement, puisque le rejet de l'amnistie, en préjugeant la question, semblerait indiquer au pouvoir qui juge la culpabilité des accusés.

Après m'être attaché à prouver que la Chambre, en discutant la question de la légalité de l'amnistie, a été entraînée à des erreurs, je vais chercher si les orateurs qui ont cru qu'elle était opportune ont bien défini nôtre situation actuelle, par rapport aux diverses époques de la révolution et aux gouvernemens qui ont proclamé le pardon et l'oubli du passé.

Le 14 septembre 1791, sur la motion de Lafayette, l'Assemblée constituante prononça l'abolition de toutes les procédures instruites sur les faits relatifs à la révolution ; une amnistie générale en faveur des hommes accusés ou condamnés, et la révocation du décret du 17 août précédent, relatif aux émigrans.

Cette grande et noble Assemblée, qui dut au malheur des temps et à son inexpérience d'être entraînée dans des fautes graves, prétendait aussi fortifier un pouvoir qu'elle avait affaibli; elle donnait à la France le dernier gage de sa modération et de son patriotisme. Les haînes et les passions, qui fermentaient avec violence, rendirent vains ces efforts de la vertu. Ne blâmons pas cette Assemblée, son erreur lui servira d'excuse aux yeux de la postérité; mais remarquons que les partis, plus acharnés que jamais, ne tinrent aucun compte de ses désirs.

Les nobles continuèrent d'émigrer et d'exciter à la guerre civile ; et, quelques années après ce décret généreux, les noms les plus illustres de l'Assemblée, les hommes les plus purs, étaient ou proscrits ou voués au fer de la guillotine. Le vertueux Bailly, avant d'avoir la tête tranchée, expirait deux fois sous les outrages d'une ignoble populace. Barnave, Pétion, Chapelier, Thouret, étaient sacrifiés à la férocité des terroristes. Lafayette, Lameth, expiaient à l'étranger des erreurs respectables.

La convention, avant de clore une session à jamais mémorable par l'accumulation de tous les pouvoirs qu'elle avait retenus trois ans, et par les actes d'une dictature effrayante, la convention, par un décret du 26 octobre 1795, prononça l'abolition de la peine de mort, à dater du jour de la publication de la paix générale, et annula les procédures pour faits purement relatifs à la révolution. Mais cette amnistie ne concernait ni les prêtres déportés ou sujets à la déportation, ni les émigrés fugitifs non inscrits, et qui n'étaient pas revenus en France. D'ailleurs, la convention, en se retirant, foulait les cadavres de ceux qu'elle avait fait mitrailler au 13 vendémiaire. Elle s'était, en quelque sorte, instalée sur les monceaux de victimes immolées dans les journées de septembre ; elle finissait comme elle avait commencé et comme elle avait vécu, dans le sang. Le décret n'était-il pas une sauvegarde pour un grand nombre de ses membres, pour tous ces fonctionnaires prévaricateurs, brise-scellés, spoliateurs, assassins, pour tous

BIBLIOTHÈQUE NATIONALE R. F.

ces hommes souillés de crimes publics et d'iniquités nationales? L'oubli du passé et l'indulgence pour les auteurs ou les complices de tant de forfaits ne lui étaient-il pas impérieusement commandés par l'instinct d'égoïsme, et par le désir de se conserver des défenseurs? Quelque sévère, quelque terrible que se soit montrée la convention, je suis loin de lui faire un reproche de n'avoir pas parlé de clémence en commençant sa tâche pénible et sanglante. Elle ne le pouvait pas; et se montrer faible, c'était se perdre et perdre la France. Elle n'eût fait que son devoir si elle se fût renfermée dans les bornes d'une fermeté sévère; mais elle fut cruelle; ses comités furent souvent féroces; le tribunal révolutionnaire, sous ses yeux, se baigna, comme à plaisir, dans le sang. Eh bien! malgré le souvenir des terribles vengeances de cette assemblée, malgré l'amnistie qui présida à l'installation du directoire, les conspirateurs, perdant avec la crainte le souvenir de la hache révolutionnaire, et toujours ingrats envers une révolution qui voulait, par sa modération, faire oublier bien des maux, se mirent à ourdir de nouveaux complots. Le 18 brumaire ramena encore le régime exceptionnel, et fit frémir la France par la perspective du retour de la terreur. Cependant le gouvernement avait changé de maximes; il penchait vers la douceur et la modération; avant d'organiser des pouvoirs plus réguliers, par la constitution de l'an III, la convention avait sévi contre ses membres les plus signalés par leur démagogie jacobine. Barère, Collot-d'Herbois, Billaud-Varennes, Vadier, avaient été décrétés de déportation ; eux qui, à l'exception de Barère, avaient figuré si courageusement au 9 thermidor ! Le sang de Féraud avait été expié ; Soubrany, Duquesnoy, Romme, Bourbotte, livrés à une commission militaire, s'étaient vus condamnés à la peine capitale. Et après tant de sang répandu, après ces terribles leçons, le directoire dut encore recourir à un coup d'état.

Le 26 avril 1802, un sénatus-consulte, basé sur une délibération du conseil d'état, permit à 150,000 émigrés, proscrits par les lois révolutionnaires, de rentrer dans une patrie qui leur semblait à jamais fermée. Cette mesure magnanime fut cependant marquée par des exceptions, et plus de mille bannis furent privés du bienfait qu'elle accordait à tant d'autres.

Le consul avait une tâche immense et glorieuse à remplir ; il s'en acquittait avec le courage du génie qui sent sa force et sa puissance. Mais, en fermant les plaies de la France, il savait aussi garantir son autorité des attaques de ses ennemis et de la fureur des factieux. Cet homme, dont l'indulgence paraissait téméraire aux hommes d'état les plus consommés de l'Europe, au vieux prince Henry même, frère du grand Frédéric, Bonaparte avait signalé son avénement au pouvoir en ordonnant la déportation de quarante-neuf personnes. Cet arrêté, il est vrai, ne reçut pas son exécution, mais il montrait que le premier consul était prêt à agir avec vigueur et même arbitrairement. A côté de mesures politiques et administratives de la plus grande sagesse, on voyait le décret qui réduisait les journaux politiques à un nombre déterminé.

Cérachi, Aréna, Demerville, étaient montés à l'échafaud. Après l'attentat du 3 nivôse, si honteusement fameux sous le nom de complot de la machine infernale, 71 individus avaient été condamnés à la déportation, quoiqu'ils fussent étrangers à cette abominable tentative. On voit que si le consul rendait à leur pays des hommes qu'il avait trouvés proscrits en s'emparant du pouvoir, et qui, s'ils maudissaient la révolution, auraient dû le combler de bénédictions (il l'espérait peut-être), il ne s'abandonnait pas à cet excès d'indulgence qui encourage les factions. Sa politique fut toujours de n'épargner que ceux dont il ne pouvait rien craindre. Cela se vit bien quand George Cadoudal ne put obtenir sa grâce, malgré l'intercession de Murat; MM. de Rivière, de Polignac, Lajollais, Charles d'Hojier, obtinrent facilement la leur; Napoléon croyait n'avoir rien à redouter d'eux.

Mais quand vinrent les jours de disgrâce, lorsque l'Europe envahit la France, ces mêmes hommes, comblés des faveurs de Napoléon, n'attendirent pas que les armées des alliés vinssent dresser leurs tentes dans la plaine St.-Denis pour lui porter le dernier coup de pied. Le clergé fit cause commune avec eux, oubliant que le grand homme avait relevé les autels, protégé le culte catholique, et consenti en sa faveur ce concordat qui avait excité tant de mécontentement chez les esprits qui redoutaient l'influence sacerdotale.

Napoléon plus tard reconnut sa faute; il a exhalé ses regrets dans les mémoires écrits à Ste.-Hélène.

On se rappelle ce que fut la loi d'amnistie du 12 janvier 1816. On n'a pas encore oublié les fameuses catégories des royalistes purs, non plus que le système de classification de la majorité de la commission chargée du rapport du projet de loi ministériel, tendant à faire d'une loi d'amnistie une loi de proscription. D'honnêtes légitimistes poussèrent même le dévoûment jusqu'à solliciter le renouvellement des confiscations contre le texte formel de la Charte; mais qu'était la Charte pour ces gens-là? Et cette loi avait été précédée de l'ordonnance de juillet 1815, qui déférait 19 généraux aux conseils de guerre, et si tous ces braves ne partagèrent pas le sort de

Ney et de Labédoyère, ce ne fut pas la faute des preux de l'émigration. Des épouses et des mères baignées de larmes et criant miséricorde! furent sans pitié repoussées des marches du trône.

Je ne veux pas parler de la clémence du dernier roi d'Espagne; aussi bien que peut-il y avoir de commun entre ce prince absolu, fourbe et cruel, et le gouvernement d'une monarchie constitutionnelle?

Je viens de dire ce qu'avaient été les amnisties des divers gouvernemens qui ont successivement passé sur la France depuis le commencement de la révolution. On voit dans quelles circonstances, après quelles mesures et avec quelles restrictions ils se sont livrés à la clémence, ou au besoin de se faire pardonner leurs erreurs ou leurs iniquités.

L'assemblée constituante seule accorda un pardon général; en cela elle fut peut-être plus généreuse que prudente, et elle était pure de toute proscription; beaucoup de ses membres pensaient même que la révolution était achevée. On voit aussi combien peu les partis sont reconnaissans. Le gouvernement actuel a-t-il rien de commun par ses actes, la France a-t-elle rien de semblable dans sa situation avec les gouvernemens et la France de 95, de 1802, de 1804, de 1816? Je ne le pense pas, et si quelqu'un y découvre des points de comparaison, je désire bien qu'il les fasse connaître. Si c'est d'un rapport de situation qu'on a prétendu tirer la conclusion de l'opportunité de l'amnistie, on aurait bien fait de s'assurer que cette conformité de position existe réellement. Quant aux considérations morales que beaucoup d'orateurs ont développées avec ce pathétique de sentiment qui va à l'âme, je ne me sens pas le courage de les combattre. Puisse leur désir de voir la paix et l'union cimenter le bonheur public être bientôt accompli !

Mais je ne saurais voir dans leurs vœux philanthropiques, quelque honneur qu'ils fassent à leur sensibilité, un motif pour proclamer une mesure qui touche à une question de principe tellement importante, qu'elle intéresse l'ordre social tout entier. C'est de cette question, envisagée sous son véritable aspect, que je tire ma principale, je dis plus, ma seule fin de non recevoir. Et ce qui m'étonne, c'est que la Chambre n'ait pas même effleuré cette question, qui semblait devoir naturellement se présenter à la pensée d'une assemblée politique. En faisant valoir les considérations politiques qui en découlent, on tranchait plus facilement la difficulté qu'en se livrant à des paroles de colère et de vengeance, propres tout au plus à entretenir les haines, mais qui ne devraient jamais sortir de la bouche de législateurs. Les ministres du moins ont eu la sagesse et le bon esprit de s'en abstenir. Je suppose qu'un ministre abordant la tribune, eût ainsi argumenté : « Le gouvernement a des ennemis qui, non contens de l'attaquer avec des théories et toutes les armes de la polémique et de la calomnie, ont osé le provoquer jusque sur la place publique.

» Le sang a souvent coulé dans les rues, et la seconde ville du royaume a presque été détruite par le fléau de la guerre civile. Les fauteurs de ces désordres, avant d'attaquer le gouvernement à main armée, ont déclaré dans leurs circulaires, dans leurs conciliabules, dans leurs proclamations, qu'ils ne reconnaissaient pas sa légalité. Ils l'ont combattu dans son principe et cherché à le détruire dans son essence. Or, le gouvernement, créé par la constitution, et fonctionnant en vertu de cette constitution, reçoit des autres pouvoirs de l'État qu'elle constitue, et leur communique à son tour ce principe de vie qu'elle puise dans l'ordre social sur lequel elle est fondée. Attaquer le gouvernement, c'est attaquer la constitution et les pouvoirs organisés par elle ; c'est attaquer la société, qui l'a adoptée comme le symbole de ses droits, de ses libertés, de sa sécurité.

» Messieurs, renvoyer sans jugement ceux qui sont prévenus de s'être rendus coupables de ces provocations, c'est se rendre complice des égaremens et des idées subversives qui les ont dirigés. Que penseront-ils du principe qui constitue le gouvernement, si on leur donne lieu de croire que ce principe n'ose affronter celui qu'ils proclament et qu'ils veulent lui substituer? Que pensera la France? Devra-t-elle s'avouer qu'elle a tort de vouloir être ce qu'elle est, et que ceux qui veulent changer sa situation politique, matérielle et morale, ont raison contre l'immense majorité de la nation? Où s'arrêteront désormais les tentatives de cette poignée d'adversaires, s'ils croient qu'on redoute leurs théories, et qu'on n'ose les juger, dans la crainte de n'avoir que le silence ou la force physique à opposer à leurs argumentations? Prenez-y bien garde, et songez qu'à votre décision est attachée la tranquillité publique, la confiance des citoyens dans nos institutions fondamentales; et que les pouvoirs qui semblent douter d'eux-mêmes, et n'avoir aucune foi dans leur principe, sont bientôt un objet d'indifférence pour tous. L'indifférence est bien vite suivie de l'incrédulité; de là à la mort des corps politiques il n'y a qu'un pas. »

Je ne sais pas ce qu'on aurait pu répondre à ce raisonnement, à moins qu'on ne fût venu se dessiner nettement à la tribune, et confesser avec hardiesse qu'on faisait de l'opposition contre le principe même du gouvernement. En s'exprimant ainsi, le ministère ralliait à lui toutes les opi nions timides ou flottantes, prêtes à céder à l'entraînement irréfléchi d'une générosité mal calculée, et les citoyens, effrayés des conséquences d'une mesure imprudente, eussent tous adhéré à celle qu'on a adoptée ; tandis que beaucoup d'hommes modérés et paisibles, faute d'avoir puisé dans la discussion de la Chambre des lumières suffisantes, ont accueilli avec défaveur la loi de crédit.

Toutefois, si cette question n'a pas été traitée dans le sein de la Chambre des députés, elle trouve sa place dans le procès soumis à la Chambre des pairs.

Mais, avant d'examiner dans quel esprit elle doit juger les prévenus, je ne crois pas inutile de traiter ici de sa compétence, et de relever l'erreur que viennent de commettre des membres distingués du barreau, en disant que sa juridiction est exceptionnelle. L'exception en général est contraire à la règle, le droit exceptionnel est opposé au droit commun.

Une juridiction exceptionnelle est une juridiction temporaire, qui doit sa création à des circonstances critiques, aux haines et aux passions politiques, à l'esprit de parti. Des juridictions de cette nature n'ont qu'un temps ; on peut à peine les regarder comme de véritables corps judiciaires, puisqu'elles sont passagères. On peut classer dans cette catégorie, en Angleterre : la Cour de haute commission, la Chambre étoilée; en France : la Chambre ardente, les commissions nommées par le caprice cruel ou cupide de quelques ministres; alors que les victimes de leur despotisme étaient condamnées « non par juges, » ains par commissaires », le tribunal révolutionnaire était un tribunal exceptionnel. Les ministres de ces juridictions portaient des noms devenus odieux à prononcer : Châteauneuf, Jeffries, Fouquier-Tinville.

Les Cours prévotales de la restauration sont encore un exemple de la juridiction exceptionnelle. Je ne sais jusqu'à quel point on pourrait dire que la Cour des pairs, dans le procès du maréchal Ney, fut un tribunal d'exception.

On voit par ces exemples, que j'aurais pu malheureusement trop multiplier, ce que c'est qu'une juridiction exceptionnelle. Assimiler la Chambre des pairs, qui tient de l'art. 28 de la Charte la plus haute de toutes les juridictions, à des tribunaux d'exception, c'est étrangement abuser des mots, et prouver qu'on a intérêt à les détourner de leur acception usuelle.

A-t-on jamais révoqué en doute la légalité de juridiction suprême qu'a la Chambre haute, en Angleterre, dans le jugement des ministres, des hauts fonctionnaires ou des crimes de haute trahison? A-t-on contesté à celle des pairs celle qu'on lui dénie maintenant quand elle jugea les

ministres de Charles X? La haute Cour nationale, instituée par décret du 15 mai 1791 pour
la punition des attentats à la sûreté de l'Etat,
fut-elle regardée comme une juridiction exceptionnelle? Toute loi doit avoir sa sanction : les
tribunaux ordinaires sont chargés de la répression de toute infraction aux lois civiles, car les
délits ordinaires n'intéressent la société que par
reflet, et secondairement; les crimes politiques
l'intéressent directement, et avant toutes choses,
parce qu'ils troublent la sécurité publique. La
première de toutes les lois, la constitution de
l'Etat, a cherché une sauve-garde contre les attaques qui pourraient l'ébranler, dans la vigilance
et la haute sagesse d'un des pouvoirs qu'elle organise. Delà cette juridiction suprême, conférée
par l'art. 28 de la Charte, qui ne reconnaît de
puissance supérieure que celle de cette Charte;
juridiction qui seule peut s'exercer sur ses propres membres, et devant laquelle les autres pouvoirs viennent comparaître comme accusés et
comme accusateurs.

Et c'est cette juridiction qu'on voudrait trouver exceptionnelle! En vérité, l'on est de mauvaise foi, ou l'on ne veut rien comprendre à la
chose. L'exception, j'ose le dire, serait dans la
dérogation au principe fondamental, que toute
loi doit pourvoir à sa conservation, si les accusés avaient été déférés au jugement du juri.

La juridiction constitutionnelle de la Chambre des pairs, dans le jugement des prévenus, sera tout aussi légale, tout aussi régulière, que celle d'un tribunal de police correctionnelle condamnant à l'amende et à la prison pour injures et voies de fait. De là cette compétence constitutionnelle qu'elle puise dans la sphère de ses attributions comme pouvoir politique, compétence prévue par cet art. 28 de la Charte, compétence permanente, aussi durable que cette Charte qui la reconnaît, et que ne saurait décliner le caprice momentané d'une loi d'exception.

On voit ce que peuvent valoir les objections de ceux qui attaquent la compétence de la Chambre des pairs, ou les argumentations tendant à prouver qu'elle exerce une juridiction exceptionnelle.

Après avoir établi en principe cette compétence, je n'examinerai pas si les inculpations dirigées contre les prévenus, dans le rapport de M. Girod de l'Ain, sont véritables ou exagérées. Ce n'est pas mon affaire, et à Dieu ne plaise que je méconnaisse les droits du malheur! Tout ce que je veux constater c'est que la prévention existent; et en supposant que les prévenus soient personnellement innocens du délit qu'on leur impute, la présomption de complot ne peut être écartée.

La Chambre des pairs devra d'abord se placer

dans la situation qui naît de cette présomption, avant de s'occuper individuellement des prévenus; il faudra qu'elle examine s'il y a eu complot, et quelle est la nature de ce complot; s'il a embrassé par ses ramifications uue vaste étendue du territoire de la France, ou si plusieurs complots tenaut à la même cause, aux mêmes principes, mais sans liaison réelle ou apparente, ont éclaté dans une circonstance donnée, et sans que les conspirateurs se fussent donné le mot d'ordre, etc.

Si les diverses questions qui naîtront de cet examen étaient résolues négativement, je n'hésite pas à le dire, les prévenus devraient être à l'instant mis hors de cour, et les procédures renvoyées à la magistrature civile, pour qu'elle s'occupât de les traduire ou devant le juri, ou en police correctionnelle, selon la gravité des délits qui leur seraient imputés individuellement. Mais si l'existence d'un ou de plusieurs complots, qui ont éclaté simultanément, est reconnue avec des circonstances plus ou moins aggravantes, la Chambre, avant de s'occuper des individus, devra se faire ce raisonnement :

« Une tentative a été faite dans le but de détruire la Charte et les pouvoirs qu'elle constitue. La conservation de cette Charte est plus spécialement confiée à la Chambre des pairs. En tout temps et en tous pays les corps aristocratiques, ou les ordres intermédiaires, ont eu la mission de veiller au maintien de la constitution. La liberté fut anéantie à Rome quand le sénat laissa radicalement altérer l'ancienne constitution de la république. La chambre haute est le plus ferme soutien de l'ordre social qui forme la base des institutions en Angleterre. L'ancien parlement en France, quand les états généraux cessèrent d'être convoqués, fut le seul obstacle aux envahissemens continuels d'une monarchie qui marchait à l'absolutisme, et l'empêcha de dégénérer en un despotisme absolu. Le sénat conservateur, institué pour défendre et maintenir la constitution, sacrifia les garanties de la nation, du jour où, s'arrogeant des droits qui ne lui appartenaient pas, il donna au pouvoir un exemple de la facilité avec laquelle on pouvait violer la loi de l'État. La Chambre, en tolérant qu'on attaque la Charte, commet un suicide; elle est particulièrement intéressée à sa durée; et c'est pour cela que cette Charte a été mise sous sa sauvegarde. »

Ceci posé et admis comme règle de conduite, arrive l'accusation dirigée par le gouvernement, qui s'exprime à peu près ainsi :

« L'existence des pouvoirs de l'État est intimement liée; l'un d'eux ne peut être détruit sans que la mort des deux autres ne s'ensuive. On a provoqué, au nom d'un principe, au renversement du gouvernement, par conséquent à l'anéantissement de la constitution; ces provocations ont été suivies d'effet, et la force publique n'a triomphé qu'après des efforts sanglans. Ces efforts du gouvernement ont été merveilleusement secondés par la partie la plus éclairée et la plus respectable de la population, aux cris de : *liberté! ordre public!* Ces mots sont la devise du gouvernement et constituent son principe; ils sont ceux de toute société civilisée, et digne de jouir de ses droits. Ce concours de l'immense majorité atteste au gouvernement la nationalité de son origine, et la sollicitude des bons citoyens pour sa conservation. Cette adhésion constante de la nation, signalée par l'enthousiasme qui accueillit l'avénement du gouvernement de juillet, et par le secours, par les sacrifices mêmes qu'elle a toujours été prête à faire pour lui, est aux yeux du pouvoir, un signe non équivoque de la légitimité de son principe. Ses titres, il les puise dans l'assentiment général; il a dès lors le droit de se croire l'organe de la majorité et le représentant de la société. En attaquant le principe du gouvernement du roi, on est hostile à la volonté nationale; en lui livrant bataille, on combat la société qui l'a adopté comme l'expression réelle de ses besoins et comme le gage de sa prospérité. Nous pouvons donc affirmer hardiment que les ennemis du gouvernement sont les ennemis de l'ordre social actuel, sur lequel il repose; et nous venons déférer à votre justice des hommes que nous soupçonnons d'avoir voulu bouleverser l'État et détruire la constitution. »

La Chambre des pairs, déjà mue par le principe même de son existence, et par la nécessité de sa situation politique, en voyant les dangers dont l'ordre social tout entier a été menacé, s'empressera de démêler les coupables, et d'appesantir le bras de sa justice sur ceux qui seront reconnus comme tels. Mais, en remplissant un devoir rigoureux et pénible, quels principes devront diriger la Chambre? Ceux que lui prescrivent ses hautes attributions, c'est-à-dire le respect de la constitution et l'intérêt politique de la société. Elle n'a point à s'occuper de la moralité des prévenus, de leurs antécédens (en supposant que quelques-uns d'entre eux ne soient pas irréprochables dans leur conduite privée); le pouvoir accusateur doit aussi s'abstenir de toute récrimination qui semblerait une injure envers des hommes assez malheureux pour gémir depuis treize mois sous le poids de la prévention. L'accusation et la Chambre doivent avoir pour unique but de punir les outrages faits à la constitution et au gouvernement qu'elle établit. Le triomphe de ce principe est seul digne d'occuper sérieusement un pouvoir politique. Le principe une fois établi et mis hors d'atteinte, les considérations morales peuvent trouver leur place dans le cœur des membres de la Chambre, toujours en faveur des prévenus, jamais contre ceux dont l'égarement plus réfléchi semblerait provoquer une répression plus sévère.

Et plaise au ciel que beaucoup de prévenus soient déclarés innocens! Un seul fût-il reconnu coupable, le principe n'en serait pas moins consacré, et les hommes modérés se réjouiraient de ce que l'ordre social existant aurait moins d'adversaires. Ceux qui seront acquittés seront accueillis par eux comme des amis et des frères, avec lesquels on est heureux de se réconcilier.

Dans l'application de la peine aux prévenus qui pourraient être déclarés coupables, la Chambre, inflexible sur les principes, saura user d'une clémence paternelle. Sévère sur le respect dû à la justice nationale dont elle va revêtir la majesté, elle ne la laissera pas outrager dans son sanctuaire le plus auguste; mais tolérante et pleine d'indulgence au souvenir de nos discordes civiles et de la fusion des partis, ennemis acharnés la veille et s'embrassant le lendemain, elle saura faire la part des temps et des circonstances dans les projets conçus par des hommes souvent plus égarés que coupables. Il faut bien le reconnaître : parmi les accusés il est des jeunes gens dont le cœur est pur, l'esprit élevé et les intentions généreuses. Leur crime, je me trompe, leur erreur, est d'être partis d'une abstraction chimérique, mais qui a sa source dans les sentimens les plus nobles de l'âme, pour faire l'application des principes absurdes qui ne découlent à une société qu'on ne saurait changer qu'en la détruisant. Mais il ne faut point voir dans des hommes exaltés, dont les mœurs et le caractère contrastent avec les maximes qu'on a proclamées, des brigands, des cannibales, des êtres féroces, dangereux pour la tranquillité publique. Ces dénominations des partis sont toujours injustes, parce qu'elles sont exagérées. Tel qui se les permet, est bien étonné de s'entendre qualifier de *boutiquier* égoïste, d'homme du juste milieu, etc; et il a raison. Il serait temps que les partis cessassent de se prodiguer des injures ; la nomenclature de leurs épithètes est assez grande. En 90, 91, on exalta les hommes du 14 juillet, les membres du côté gauche aux dépens des aristocrates, des hommes du côté droit ; en 92, ils furent traités de monarchistes, de constitutionnels, de feuillans, de fayettistes, d'orléanistes par les démocrates, les cordeliers, les jacobins. Vinrent les hommes du 10 août, les sans-culottes, qui guillotinèrent les ministériels, les partisans de la liste civile, les chevaliers du poignard, les girondins, les fédéralistes, les hommes d'état, les modérés, les suspects, les crapauds du Marais, les avilisseurs, les alarmistes, les endormeurs, les muscadins, les émissaires de Pitt et de Cobourg, etc., etc., etc. ; une page d'etc. Puis, quand vint la réaction, ceux qu'on avait proscrits avaient appris de leurs ennemis l'argot révolutionnaire, et ils le leur rendirent bien. On poursuivit les hébertistes, les athéistes, les carmagnoles, les terroristes, les maratistes, les égorgeurs, les buveurs de sang, les septem-briseurs, etc.

Si quelque chose doit à jamais dégoûter de ces expressions insultantes, dont les partis sont si prodigues, c'est de voir la restauration traiter les braves qui avaient porté la gloire de nos armes aux bords du Nil et de la Néva, de *bri-gands de la Loire*.

La Chambre saura se mettre au-dessus des pe-tites passions de l'amour-propre offensé. Les ac-cusés, aigris par les angoisses d'une longue déten-tion, et de plus livrés aux préoccupations politi-ques d'un parti défait, n'ont pu envisager d'un œil calme les membres d'une juridiction organisée par une constitution qu'ils ont voulu renverser. De là sans doute ces attaques, ces récrimina-tions, ces diatribes de tout un parti contre la Chambre des pairs. Je ne prétends être l'apolo-giste ni des trahisons, ni des défections, ni d'au-cune de ces infamies qui déshonorent l'histoire de toutes les époques, plus particulièrement celle des révolutions. Mais que signifient ces accusations sans cesse répétées : C'est un homme qui a servi sous tous les gouvernemens, et qui les a abandonnés quand ils ont succombé; il a rempli des fonctions sous la république, sous l'empire, sous la restauration, il a prêté vingt sermens, etc., etc.? Je ne connais rien de plus intolérant que les conclusions qu'on prétend en tirer : avec les doctrines qui en découlent, l'infirme minorité proscrirait, non-seulement quiconque a administré sous un gouvernement précédent, mais même la majorité qui a longtemps soutenu ce gouvernement. Et ne voudra-t-on jamais reconnaître que lorsqu'un pouvoir a été renversé par la force des choses ou par l'abandon de la nation, le devoir de tous les bons citoyens est de se rallier à celui qui lui succède ? Je le répète, la trahison est odieuse, elle est faite pour inspirer le dégoût et le mépris; mais loin de croire qu'après une révolution il ne faille confier les emplois qu'à des hommes nouveaux, je pense que la meilleure garantie qu'un gouvernement puisse avoir de ceux qui viennent lui prêter serment, est la fidélité avec laquelle ils ont tenu celui qu'ils avaient prêté au dernier gouvernement jusqu'au moment de sa chute.

Faut-il se priver des lumières de l'âge et de l'expérience? et même, abondant dans le sens de ceux qui se contredisent par ces récriminations, ne serait-on pas coupable de refuser le concours de ses talens et de ses services à la nation qui vient de confier à d'autres mains le timon de l'Etat? Le même homme a salué avec enthousiasme la convocation des Etats-Généraux, et payé de son sang la prise de la Bastille. Il a dansé à la fédération, et l'année suivante il a fait feu au Champ-de-Mars sur les démagogues qui bravaient l'assemblée nationale en demandant la déchéance du roi. Il a tonné aux jacobins contre la coalition de Pilnitz et contre les intrigues des émigrés ; il s'est armé pour voler à la frontière, après avoir dérobé des victimes au couteau des septembriseurs ; il a combattu en brave ; il a été signalé comme suspect ; il a été incarcéré, puis rendu à la liberté après la mort de Robespierre. Promu à des fonctions publiques, ami de sa patrie, il a signalé au gouvernement directorial les traces d'un complot royaliste, et offert dans sa maison un asile à deux émigrés rentrés en France avant le 18 fructidor ; il a applaudi au 18 brumaire. Le consulat l'a vu préfet, l'empire sénateur. Il a accepté la première restauration avec une défiance mêlée d'espoir ; la seconde, comme une nécessité. Il s'est signalé, dans ces derniers temps, par une opposition vigoureuse. La révolution de juillet l'a retrouvé fidèle au drapeau tricolore, et il est aujourd'hui dévoué au trône de Louis-Philippe. « C'est un misérable ! » dira un irréprochable de vingt ans. — Et qu'auriez-vous fait à sa place? — Moi? quelle question! mon opinion est indépendante des événemens. — A la bonne heure! mais, mon ami, pour te prouver combien tu es absurde, je voudrais que tu fusses aussi vieux que le monde. » Ce misérable a fait tout bonnement comme la majorité modérée, il a suivi les mouvemens et les fluctuations de l'opinion, voilà tout, et il est aujourd'hui bon père, bon époux, bon citoyen. Je désire que tous mes amis soient des misérables de cette trempe.

Ce qui doit rassurer les accusés, c'est la modération bien connue de la Chambre; ils seront jugés avec toutes les formes protectrices, avec toutes les garanties auxquelles la loi leur donne droit; bienfait inestimable qu'ils doivent à la douceur de nos mœurs, et dont ils ne jouiraient pas en tout autre pays. « Dans les crimes ordinaires, dit un homme célèbre, la loi d'Angleterre est favorable à l'accusé; mais dans ceux de haute trahison elle lui est contraire. »

Ceux qui seront renvoyés absous s'indigneront sans doute qu'on ait tant prolongé leur captivité. Il faut respecter les plaintes du malheur; mais, en y réfléchissant, ils s'estimeront heureux d'avoir subi leur jugement lorsque tous les cœurs, pénétrés d'une généreuse pitié, soupirent après la concorde, plutôt que dans ces jours d'orage où l'exaspération des haines poli-

tiques pouvait rendre leur situation si précaire.
Je fortifierai ce raisonnement en citant l'opinion
d'un homme de génie, qu'on aime d'autant
plus à méditer, que ses immortels écrits inspi-
rent la modération et la vertu. « Il sera bon, dit
Montesquieu (*Esprit des lois*, liv. 6, ch. 5), de
mettre quelque lenteur dans des affaires pareilles
(jugement des délits), surtout du moment que
l'accusé sera prisonnier, afin que le peuple puisse
se calmer et juger de sang-froid. »

La Charte a fait mieux que de pourvoir à sa
conservation, en confiant à l'un des corps de
l'Etat la répression des crimes politiques; elle
a voulu mettre les mœurs en harmonie avec
l'esprit des institutions modernes, qui toutes
penchent vers la modération; c'est là le plus
beau triomphe de la raison humaine et des lumières de la philosophie. La loi, lorsqu'elle pres-
crit paraît fort juste; quand elle frappe en se dé-
fendant, elle paraît sévère. Les impressions du
cœur combattent les combinaisons politiques
dont l'esprit admirait la justesse. Si ce n'est là,
ce devrait du moins être l'origine du droit de
grâce. C'est ici qu'il faut remarquer la supério-
rité de l'expérience sur des théories, et combien
l'esprit systématique, poussé à ses dernières limites, devient dangereux et souvent inique.
Rousseau, s'appuyant des exemples des républi-
ques antiques, se prononce contre le droit de faire

grâce accordé au souverain. L'esprit de la démo-
cratie est inexorable. Le sensible Beccaria est con-
duit par le raisonnement à la même opinion.

L'école anglaise a montré sur ce point plus de
sagesse et de philanthropie que l'école philosophique, parce qu'elle s'est étayée dans la discussion de l'expérience des faits et de la constitution de son pays. Ceux qui quelquefois
s'élèvent contre cette belle prérogative de la couronne sont les premiers à en profiter.

Des logiciens, tant soit peu sophistes, vont
même jusqu'à déclarer que le roi ne peut faire
grâce qu'à ceux qui ont été condamnés par les
juges qu'il nomme et qu'il institue. Cependant
l'article 58 de la Charte est formel : « Le roi a le
droit de faire grâce et celui de commuer les
peines. » droit qui n'est restreint par rien, et
qui n'a d'autres limites que celles de la clémence
du prince. Dire que le roi ne peut pas faire grâce
à ceux que la Chambre des pairs aurait condamnés, est une erreur grave : autant vaudrait soutenir qu'il n'a pas ce droit à l'égard de ceux qui
ont été condamnés par le juri, parce qu'il n'en
nomme pas les membres. « Toute justice émane
du roi. » Celle de la Chambre des pairs a un autre
caractère que la justice ordinaire ; mais ce caractère ne saurait altérer la source d'où elle émane.
Lorsque le roi, conformément à l'article 23 de la
Charte, confère la dignité de pair, cette nomina-

tion équivaut à ces mots : « Je te nomme pair de France, et t'institue membre du pouvoir de l'État, auquel est confiée la répression des crimes politiques. » Avant d'invoquer, avec les véritables amis de la concorde et du bonheur public, la clémence royale, j'ai cru utile de redresser le principe qu'on a voulu faire fléchir sous des subtilités : rien n'est plus propre à altérer dans les esprits toutes les notions du vrai et du faux que ces disputes sur le droit public. Lorsque la loi fondamentale de l'État est dénaturée par des interprétations, le doute finit par tuer toutes les institutions qui font vivre et agir la société.

Puisque je viens de parler du droit de grâce, je veux aussi dire ma pensée sur un acte que les amis sincères de leur pays, ceux qui composent la véritable nation, attendent comme le signal de l'union, comme la fin des agitations qui, pendant quatre ans, ont troublé la France. Les ministres ont dit que le gouvernement, pour rendre la liberté aux détenus, n'attendait que le moment où la clémence pourrait s'exercer sans danger. Ce moment est-il venu ? Il ne m'appartient pas d'en décider. Tout ce que je puis affirmer, c'est que l'opinion publique modérée le désire vivement. Nos mœurs politiques ne sont plus celles des temps passés : la société, épurée par les lumières et par le bien-être, n'a plus ces passions qu'entretiennent le fanatisme et l'exaltation de

l'ignorance. On s'est habitué à regarder comme
un honnête homme celui dont on repousse le plus
énergiquement l'opinion politique. Ce mot af-
freux de Vitellius, « un ennemi mort sent toujours bon, » mot répété par Charles IX et paro-
dié par Barère, ferait horreur aujourd'hui. Machiavel, ce grand maître dans la science posi-
tive du gouvernement et dans son application
aux règles de la politique, fait frémir lorsqu'il
donne comme précepte les maximes des princes
de son temps. Il faut voir dans le chapitre VIIe. de
son livre du *Prince*, et dans ses *Discours* sur Tite-
Live, ce qu'il conseille aux princes qui viennent
de s'asseoir sur le trône.

Machiavel vivait dans un siècle de perfidies,
de scélératesses, d'empoisonnemens, dans le
siècle des Borgia. S'il vivait de nos jours, il se
bornerait à donner aux gouvernemens des conseils sur le maintien du principe qui les constitue, et sur la force et la dignité de leur puissance
à l'extérieur. Ces atroces maximes de vengeance
et de cruauté sont d'autant plus odieuses qu'elles
deviennent inutiles. La nature humaine est par-
tout plus respectée. La cour d'Autriche elle-
même, ce gouvernement d'immobilité tradition-
nelle, vient d'adoucir les rigueurs du spielberg.

Le gouvernement, fondé au milieu d'une se-
cousse, a poursuivi sa marche au milieu des
obstacles. Ses premiers pas ont été entravés par

de nombreuses difficultés, tenant à des causes nombreuses, et surtout à l'interprétation, je dirai mieux, à la mauvaise définition de son principe. Si l'on eût discuté, pendant deux séances, le préambule de la Charte, on ne serait pas venu l'inquiéter au nom même de cette Charte, et lui dire qu'il y a contradiction entre le principe qu'elle consacre et l'organisation des pouvoirs qu'elle reconnaît. Il aurait pu mieux se défendre, et répondre aux attaques multipliées dont il a été l'objet. C'est le tort des organes de l'opinion monarchique, et ce sont les plus nombreux : pourquoi ne pas soutenir une discussion de principes? Pourquoi ne pas se livrer à un examen approfondi des bases de notre droit public? Rien n'était plus facile que d'imposer, par un raisonnement philosophique, silence à des adversaires qui, pour triompher, n'avaient qu'à rabâcher sans cesse le même argument.

Et lorsque les organes de la presse opposante ou hostile, en partant d'une abstraction erronée, semblaient néanmoins avoir la raison et la logique en partage, ne reconnaissant au pouvoir qu'une existence de fait et une puissance d'organisation matérielle, on voudrait que des esprits ardens, passionnés pour tout ce qu'ils croient juste, n'eussent pas protesté contre un ordre de choses opposé aux théories qu'on ne cessait de leur présenter comme la règle de la morale et de l'équité ! Il fallait les éclairer et discuter les principes, au lieu de se donner l'air de l'impuissance en dédaignant de les traiter. Il serait heureux que les hommes instruits, et surtout les jeunes gens sur qui repose l'avenir, trouvassent dans la nature des choses, et dans les rapports qui unissent toutes les parties de la société, de nouvelles raisons d'aimer le gouvernement de leur pays. Il faudrait surtout leur faire comprendre que le droit en politique doit presque toujours se résoudre par le fait, et que l'adhésion d'une nation est la plus sûre règle pour apprécier la légalité d'un gouvernement : d'où il s'ensuivrait qu'à l'exception d'un gouvernement fondé par la conquête, et maintenu par la force, tout pouvoir de fait est un pouvoir légitime.

Des hommes, égarés par des opinions exagérées, ont voulu les faire triompher ; s'ils sont jugés au nom d'un principe, c'est au nom de tous les nobles sentimens d'une société civilisée et indulgente qu'il faut les faire rentrer dans le sein de cette société. Le temps calmera leur irritation, l'expérience les aura mûris, et ils finiront par adhérer à un gouvernement préparé par un demi-siècle de souffrances, de tentatives de toutes les sortes, de discussions, et dans lequel la nation veut se reposer. Ils aimeront à leur tour une organisation politique devenue une nécessité sociale, soutenue par tous, et, chose inouïe depuis les gouvernemens antiques, connue et sentie de tous.

Après ces considérations, que j'expose rapidement avec une conviction profonde, on comprendra quelle est mon opinion sur la clémence royale. C'était celle du grand publiciste du dix-huitième siècle. « Les monarques, dit-il (*Esprit des lois*, liv. 6, ch. 21), ont tant à gagner par la clémence, elle est suivie de tant d'amour, ils en tirent tant de gloire, que c'est presque toujours un bonheur pour eux d'avoir une occasion de l'exercer; et on le peut presque toujours dans nos contrées.

« Mais, dira-t-on, quand faut-il punir? quand faut-il pardonner? C'est une chose qui se fait mieux sentir qu'elle ne peut se prescrire. Quand la clémence a des dangers, ces dangers sont très-visibles; on la distingue aisément de cette faiblesse qui mène le prince au mépris et à l'impuissance même de punir. »

FIN.

BIBLIOTHÈQUE ROYALE

PARIS. — IMPRIMERIE ET FONDERIE DE FAIN,
RUE RACINE, N. 4, PLACE DE L'ODÉON.

www.ingramcontent.com/pod-product-compliance
Lightning Source LLC
Chambersburg PA
CBHW061640060726
47597CB00005B/1979